Das Westjütland

lieben lernen

Der perfekte Reiseführer für einen unvergesslichen Aufenthalt an der dänischen Küste inkl. Insider-Tipps und Packliste

Laura Wenzel

✈ INHALT

Warum Dänemark bereisen?

Urlaubsreif? Lust darauf, ein anderes Land und seine Bewohner kennenzulernen? Dann auf nach Dänemark!

Lesen oder hören Sie sich durch diesen Reiseführer zu Westjütland, zu seinen dazugehörigen Städten und Orten.

Erfahren Sie etwas über die Geschichte und den Aufenthalt im jeweiligen Ort. Lassen Sie sich inspirieren für Ausflüge, Shoppingtouren und Erholung in und um die Städtchen.

Mit diesem Reiseführer erfahren Sie alles, was das wunderschöne Land Dänemark ausmacht, wie herzlich seine Einwohner sind und was Sie dort unternehmen können. Dänemark ist wunderschön, die Landschaften herrlich und die Dänen sind stets hilfsbereit und immer freundlich zu Einheimischen und Urlaubern.

Wer bisher noch nicht in Dänemark war, der mag glauben, dass man bloß nicht zur Nordsee fahren sollte, da man stets hört: "Die ist ja immer weg." Aber, an dieser Stelle lautet die Antwort: „Weit gefehlt."

Gerade in dem Bereich der dänischen Nordseeküste kommt jeder Urlauber auf seine Kosten. Die Nordsee ist nämlich entgegen aller Vorstellung in dem Bereich immer da!

Das Wattenmeer endet vor Blavand. Und ab da beginnt ein breiter Sandstrand mit dem typischen Dünengürtel, der dann fast ununterbrochen über mehr als 100 km weit reicht.

Was den Geldbeutel schont, ist auch, dass die Dänen keine Kurtaxe erheben und somit die Strände alle frei zugänglich sind.

So beherrscht die Natur die Strände und man

sucht vergeblich nach Strandkörben, was aber nicht im Geringsten stört. Kleiner Tipp: Besser einfach mit Decke und Sonnenschirm zum Strand!

Es gibt in Dänemark für Jede/n und jede Geldbörse das passende Ferienhaus. Und auch an jedem gewünschten Ort.

In den Dünen, hinter den Dünen, direkt am Wasser oder ein paar Meter entfernt, aber genauso auch im Wald oder mehr im Landesinneren – hier findet man das Richtige für sich.

Kinder lieben Dänemark, weil das Land sie liebt und Hunde genauso.

Es ist einfach so viel Platz für alle da in Dänemark. Keine Enge, stattdessen nur unendliche Weiten und dazu die Ost- und Nordsee! Im Sommer geht die Sonne zwar um 22 Uhr unter, aber richtig dunkel wird es nicht! Dänemark bedeutet ganz einfach: blauer Himmel und strahlender Sonnenschein! Das Klima ist mild und der Wind auch meist aus westlicher Richtung, also kann der Nordseewind zwar auch im Herbst kräftig sein, bleibt aber immer noch angenehm und nicht zu kalt.

Dänemark ist alles in allem wirklich eine Reise wert!

Nach diesem Buch werden Sie sofort den nächsten oder ersten Urlaub nach Dänemark buchen! Vielleicht ja auch in Westjütland direkt, welches Ihnen hier näher gebracht werden wird.

Viel Freude beim Lesen beziehungsweise Hören....

Westjütland

Bevor es mit dem Kennenlernen der Orte losgeht, schreibe ich erst einmal etwas zu Westjütland selbst. Westjütland hat an der Nordseeküste die meisten Ferienhäuser im Angebot. Denn hier wird einem das geboten, was man von einem Dänemarkurlaub wirklich erwartet: hohe Dünen, frischer Wind und das das Rauschen des Meeres, das einen überall hinbegleitet, dass man dies bis zum Einschlafen hören kann und es immer und überall zu hören ist. Das Ganze wird natürlich noch durch den unendlichen Sandstrand komplettiert. Dieser zieht sich über 100

Kilometer die Küste entlang und die Nordseewellen sind zudem einmalig toll.

Diese Wellen sind immer da, darauf ist Verlass. Jeder weiß, dass Nordseewellen laut sein können. Aber im Gegensatz dazu können sie auch, wenn der Wind von Land kommt, ganz ruhig am Ufer entlang auslaufen.

Die Wasserqualität ist über die ganze Strecke so gut, dass das Gütesiegel der Blauen Flagge fröhlich im Wind flattert. Somit ist das Baden natürlich erlaubt, aber man muss in jedem Fall immer die Hinweise zur Badesicherheit beachten.

Auf dem endlos langen Strand liegen auch mal Steine und natürlich auch jede Menge Muscheln in jeder Form und Größe. Aber ganz klar finden auch Strandgut wie Schiffstaue, Planken, aber genauso leider auch Plastikdosen ihren Weg an den Strand. Dies kommt eben immer drauf an, was der Strömung zum Opfer fiel und so an den Strand treibt. Das Tolle an Westjütland ist, dass der Strand so breit und lang ist, dass für jeden genug Platz ist. Man kommt sich nie in die Quere, hat immer seine Ruhe, kann so viel Platz beanspruchen, wie man möchte und tun und lassen, wonach einem ist. Selbst buddeln kann man wie verrückt, allerdings nicht in den Dünen. Das ist verboten!

Für Kite- und Windsurfer sind die Surfspots mit allen Schwierigkeitsgraden ein Paradies. Es gibt Angebote für Anfänger des Surfsports, aber an erfahrene Surfer wurde auch gedacht. Für diejenigen, die gerne mit einem Strandbuggy über den Strand düsen möchten, gibt es am südlichen Vejers Strand die besten Bedingungen.

Die tollsten Ferienhäuser gibt es in Westjütland ebenso, fast so viele wie Sand am Meer. Am bekanntesten sind die Siedlungen von Blavand, Henne und das Gebiet von Holmsland Klit von Bjerregard bis nach Sondervig.

Der Strand wird bis dorthin nur von zwei Häfen unterbrochen. Diese Häfen liegen einmal in Hvide Sande und der andere in Thorsminde. In diesen Häfen münden jeweils Fjorde in die Nordsee.

Der Dünenstreifen ist teilweise bis zu 20 Meter hoch und es bedarf großer Anstrengung sie zu überwinden. Es gibt aber auch einige Urlaubsorte, die einen barrierefreien Weg zum Strand angelegt haben. Eine besondere Ferienhaussiedlung in den Dünen mit weitläufigen Grundstücken und Reetdachhäusern bietet der Ort Vester Husby. Vor dem wunderschönen Bovbjerg bei Vejlby Klit bietet die Natur einem eine imposante Steilküste, die sich gewaltig aus dem Ufer erhebt. Von dort aus hat man eine wunderbare Aussicht über das Meer und die angrenzende Landschaft.

Das Land zwischen Blavand und dem Ringkobing Fjord ist von Heideflächen und niedrigen Plantagenwäldern überzogen. Diese Wälder wurden alle von Hand angepflanzt. Oberhalb des Fjords gibt es zahlreiche Seen, wo sich Vögel angesiedelt haben. Kurz bevor man Vejlby Klit erreicht, prägen Viehweiden das Bild.

Das Land in dem Bereich Dänemarks war zu karg, um große Städte anzulegen. Daher gibt es entlang dieser Küste nur vereinzelt Dörfer und Höfe. Als Museum dienen heute umgebaute Dünenhöfe. Aber nur die größten Höfe konnte man hierfür umbauen. Gleichzeitig nutzt man diese Höfe aber auch zur Vermietung von Ferienwohnungen oder auch als Bürogebäude. Durch die relativ unbebaute Landschaft und den tollen Strand kann man das ganze Jahr über beste Erholung an frischer Luft garantieren. Selbst in der Hochsaison genießt man herrliche Ruhe.

Abends leuchtet ein berauschender Sternen-
himmel herab. Für Romantiker/innen ein herrlicher
Anblick!

Die Grenze zum Wattenmeer bildet die Stadt Esbjerg. Ebenfalls eine sehr schöne Hafenstadt. Und
vor allem der größte Nordseehafen Dänemarks. Hier
legen auch die Fähren zur Insel Fano ab.

Der weitläufige Hafen verleitet zum Bestaunen
der zur Reparatur hereingezogenen Bohrinseln. Esbjerg hat eine lange, sehr schöne Fußgängerzone
und zudem noch ein großes Einkaufszentrum mit
dem Namen Skolegade. In diesem Einkaufszentrum
kann man sich kulinarisch sehr gut versorgen lassen.
Diese beiden Lokalitäten sind sehr nennenswert:
Café Frederik oder Sand`s Restaurant. Im Dezember
kann man den sehr stimmungsvollen Weihnachts-
markt in Esbjergs Fußgängerzone besuchen, der einen ganz sicher verzaubert.

Esbjerg bietet seinen Besucher/innen ein sehr schö-
nes Kunstmuseum. Zu den Künstler/innen Esbjergs
gehört unter anderem Svend Wiig Hansen. Zu seinen
Kunstwerken zählt die neun Meter hohe Skulptur
„Mensch am Meer". Weiterhin sind die vier weißen
Statuen, die am Strand von Esbjerg übers Meer

sehen, berühmt für Esbjerg.

Eine Konzerthalle hat die Stadt ebenfalls zu bieten. Somit ist in Esbjerg das kulturelle Angebot sehr ausgeglichen. Im Stadtzentrum gibt es einen Wasserturm, den man ebenfalls besichtigen kann. Das Fischerei- und Seefahrtsmuseum Esbjerg ist ein spannendes Ausflugsziel für Familien.

Wie man also bemerkt, ist Westjütland sehr attraktiv für einen Urlaub, in dem man die Nordsee so richtig genießen möchte.

Nun aber mehr zu den Orten, die zu Westjütland gehören und in jedem Fall besucht werden sollten.

Für welchen Ort man sich entscheidet, hängt weniger von den Strandbedingungen ab als von der Infrastruktur, die man sich im Urlaub wünscht.

Bork Havn

Bork Havn ist ein idyllischer, kleiner Fischerort am südlichen Ende des Ringkobing Fjords, der neben zahlreichen Geschäften und Restaurants auch einen kleinen Jachthafen beherbergt.

Bork Havn wurde von den Wikingern als Startpunkt zu ihren Feldzügen genutzt. Von hier aus sind sie in See gestochen und hinaus in die Welt gesegelt. Damals hieß der Ort noch anders.

Ursprünglich ist Bork Havn ein Fischerdorf. Gegründet wurde es 1933 von einer Vereinigung der Fischerei. Insgesamt besteht Bork Havn aus drei Teilen. Einen Teil bildet der Jachthafen mit einem Platz für bis zu 290 Boote, dazu kommen der Hafen für Fischerei und zuletzt der Hafen, in welchem nur Hausboote liegen. Nicht weit entfernt hatten die Wikinger damals ihren ersten eigenen Hafen angelegt. Falen heißt der Ort. Ihren Hafen haben die Wikinger damals „Bork Vinkingehavn" genannt.

In Falen steht heute das Museum „Bork Vikingehavn". Das Museum hat den ganzen Sommer über geöffnet. Nur für die Dän/innen, die auch im Herbst Urlaub machen möchten und dafür ihre Ferien nutzen, hat das Museum auch dann offen. Jedes Jahr ergänzen neue Holzhäuser das Dorf nach alten Bauplänen. Jede/r Besucher/in darf sich an handwerklichen Arbeiten beteiligen oder auch eine Fahrt mit einem der vorher besichtigten Wikingerboote unternehmen. Im Museumsladen erhält man Souvenirs oder auch Bücher zur Geschichte des Hafens.

Der „Falen Kro" ist ein weiteres Museum, das nach einem Brand neu aufgebaut wurde. Zu diesem Museum gehört eine Kaffeestube, in der man ein legendäres Omelett bekommen kann. Wer dies allerdings genießen möchte, muss einen Tisch rechtzeitig reservieren und kann das auch nur den Sommer über hinweg tun.

In Bork Havn gibt es für Fischliebhaber eine kleine Räucherei, in der man frischen Räucherfisch kaufen kann. Zudem finden hin und wieder auch Fischauktionen statt, die sehr gern besucht werden.

Selbstverständlich kann man den Aufenthalt auch am kleinen Strand genießen. Dieser befindet sich nördlich des Hafens. Der Strand ist als Badestrand ausgewiesen. Besonders für Familien mit kleinen Kindern ist er sehr attraktiv, da hier nur wenig Wellengang und das Wasser ganz seicht ist, aufgrund der Lage direkt am Fjord. Die Seele baumeln zu lassen ist somit in und um Bork Havn bestens möglich.

Und das in dem Rahmen, den jeder Mensch für sich am besten findet. Dass die Skandinavier/innen sich sehr auf Kinder einstellen und das auch sehr gerne tun wissen wir ja und dies zeigt sich in Bork Havn am Kinderspielland, das 2012 von einem Ehepaar gegründet wurde. Die beiden haben dafür einen alten Bauernhof saniert und umgebaut. Auf

Hüpfburgen und Trampolinen können Kinder springen und hüpfen sowie die verschiedenen Ballaktivitäten nutzen, die der ganzen Familie höchsten Spaß bringen. Das Gelände ist 2.500m² groß und bietet somit viel Platz zur Entfaltung.

Was aber Familien auch nicht versäumen sollten, ist ein Besuch des alten Wikingerhafens nahe Bork Havn. Der Ort heißt Falen.

Hier können sich die Besucher/innen 1.000 Jahre zurückversetzen lassen und man kann erleben, wie die Wikinger einst gelebt haben.

In dem Hafen, der aus Natursteinen angelegt wurde, kann man Wikingerschiffe besichtigen und Männer sowie Frauen in Wikingerkostümen treten zum Kampf gegeneinander an. Das bedeutet große Augen bei den kleinen Zuschauern und diese kommen gar nicht mehr aus dem Staunen heraus.

Der „Bork Vikingehavn" in Falen ist der erste Hafen, den die Wikinger angelegt haben. An der Stelle steht heute das Freilichtmuseum „Bork Vikingehavn". Das Museum hat den ganzen Sommer über und in den dänischen Herbstferien geöffnet. Jedes Jahr ergänzen neue Holzhäuser das Dorf nach alten Bauplänen. Jede/r Besucher/in darf sich an handwerklichen Arbeiten beteiligen oder auch eine Fahrt mit einem der vorher besichtigten Wikinger-boote unternehmen. Im Museumsladen erhält man Souvenirs oder auch Bücher zur Geschichte des Hafens.

Das Wikingermuseum ist für jedes Kind spannend zu besichtigen und in der anschließenden Kriegerschule können die Kinder dann lernen, wie man mit Schwert und Speer gekämpft hat. Kinder lieben es erfahrungsgemäß zu sehen/fühlen wie Kinder in ihrem Alter das Leben vor 1.000 Jahren innerhalb der Wikingerfamilien erlebt haben.

Im August zeigt sich jährlich ein tolles Musikevent in Bork Havn. Dann nämlich findet das beliebte Musikfestival statt. Dort treten dann auf großer Bühne nationale und auch internationale Künstler/innen auf. Die Musik und im Hintergrund dann das Wasser mit der untergehenden Sommersonne machen jedem/r Besucher/in des Festivals gute Laune und sorgen für Romantik.

All diese Angebote liegen stets für alle Interessierte im kleinen, finanziellen Rahmen. So, dass der Geldbeutel geschont wird.

Bjerregard

Weiter geht es mit dem Ort Bjerregard, der im Gegensatz zu Bork Havn direkt an der offenen Nordsee liegt. Die beiden Orte liegen etwa 6km voneinander entfernt. Also mit Fahrrad oder natürlich mit dem Auto sehr gut erreichbar.

Bjerregard wurde einst von der Familie Bjerre gegründet, indem sie einen Hof errichtet haben. Hof heißt auf Dänisch „Gard", sodass sich daraus der Name „Bjerregard" ergeben hatte.

Mit der Zeit kamen Pächter/innen, die die bestellten Ländereien der Bjerregards gepachtet haben. Zu diesen Pächtern gesellten sich Fischer/innen dazu, die dafür sorgten, dass sich ein einziger Hof zu einem kleinen Dorf entwickelte. Heute ist Bjerregard ein beschauliches Örtchen, vor allem aber ein sehr beliebtes Ferienhausgebiet, was aber an einer alten Tradition festhält; viele Straßennamen hier erinnern an gestrandete oder gesunkene Boote.

Ein Beispiel ist hier das Boot „Beauty", welches im Jahr 1887 gestrandet war und daher dem „Beautyvej" seinen Namen gegeben hat. Der damalige Besitzer des Hofs „Gl. Bjerregard" nutzte zur Erinnerung an zerborstene Schiffe Reste dieser zum Bau seiner Schafzäune. Heute präsentiert sich Bjerregard als einladendes Ferienhausgebiet, was den Charme vergangener Zeiten bewahrt hat und für ein tolles Urlaubserlebnis zwischen Nordsee und Ringkobing Fjord sorgt.

Bjerregard steht für das Rauschen des Meeres, wunderbare Seeluft und eine unendliche Weite. Bjerregard kann auch als „Hof in den Dünen" ausgelegt werden und ist das südlichste Ferienhausgebiet zwischen Nordsee und Ringkobing Fjord. Ruhe, Erholung, kilometerlanger Sandstrand, Wellenrauschen und immer ein frischer Nordseewind, der einem um die Nase weht.

Hier herrscht eine sehr hohe Ferienhausdichte. Aber auch hier kann man seine Ruhe haben und wohnt trotz der Dichte nicht mit den anderen Urlaubern Haus an Haus. Die Ferienhäuser sind zwar zahlreich, aber stehen immer so, dass man sich wohl fühlt und nicht zu eng nebeneinander wohnt im Urlaub. Die Gegend heißt auch das „Hyggelige".

Stammgäste, die in die Region reisen, werden sicher mit großer Vorfreude in den Urlaub dort starten. Sobald man den Ort Nymindegab passiert hat, öffnet sich der Ringkobing Fjord mit einem

Postkartenmotiv. Man sieht dann die kleinen See-
häuser am Südufer und ein altes, blaues Fischerboot
bereiten die Gäste auf die einzigartige Idylle vor, die
diese Halbinsel zu bieten hat.

Diesen ersten Eindruck vergisst man definitiv
nie mehr, da er wirklich zu prägend ist. Man fühlt
hier überall den Sand unter den Füßen und das Rauschen der Nordsee ist immer mit dabei. Egal, wo man
sich in Bjerregard aufhält.

Die Dünen stehen natürlich unter Naturschutz.
Was bedeutet, dass es verboten ist, dort tiefe Löcher
zu buddeln oder gar den Strandhafer auszugraben,
da diese Pflanzen den Sand zusammenhalten und somit die Uferzone stabilisieren. Leider sieht man aber
dort auch wie aussichtslos der Kampf gegen den
wandernden Sand sein kann. Das wird durch einige,
vom Sand halb verschüttete Ferienhäuser direkt un-
terhalb der Dünen deutlich.

Bjerregard ist ein prima Startpunkt für Ausflüge
rund um den Ringkobing Fjord. In Ringkobing, ein
kleines Städtchen am Nordufer, findet man in den
schmalen Gassen eine große Auswahl an Geschäften
mit dänischem Design, Kunsthandwerk oder Mode.
Wer etwas für den täglichen Bedarf benötigt, kann in

Bjerregard beim örtlichen Kaufmann alles bekommen. Also nur ein kurzer Weg vom Ferienhaus bis zu den alltäglichen Dingen, die man so benötigt.

Über die Sommermonate hat auch eine kleine Räucherei direkt neben dem Kaufladen geöffnet. Wer geräucherten Fisch liebt oder auch die dänischen bekannten Fischfrikadellen, wird hier in jedem Fall fündig und vor allem auch satt. Und für kleines Geld, denn die Preise für den Fisch sind hier sehr moderat.

Besonders schön ist es für Kinder, die keine Lust auf Einkauf oder Fisch essen haben, dass vor der Räucherei Tische und Bänke stehen, wo man sich hinsetzen kann. Aber noch besser ist natürlich der Spielplatz, auf dem die Kinder klettern und toben können.

Blavand

Blavand bedeutet blaues Wasser und macht natürlich Lust auf den Urlaub zwischen den Sanddünen, dem Leuchtturm und dem blauen Meer.

Alle, die einen Urlaub in dem Ort gemacht haben, sind sich einig, dort nicht mehr weg zu wollen. Die vielen Tausend Urlauber/innen haben den Bereich von Dänemark zu einem großen Ferienzentrum werden lassen mit allem, was das Herz begehrt.

Die Region um Blavand heißt Blavands Huk. Diese markiert den westlichsten Punkt von Jütland. Blavands Huk ist das größte und beliebteste Feriengebiet an Dänemarks Nordseeküste. Nahe der deutschen Grenze liegend, lockt das Gebiet das ganze Jahr über viele Gäste in die rund 1.800 Ferienhäuser.

Am Ende der langen Ortsdurchfahrt steht der 39 Meter hohe, viereckige Leuchtturm Blavands Fyr. Dieser Leuchtturm steht unter Denkmalschutz, ist aber weiterhin voll im Einsatz.

Zugvögel, die auf den Leuchtturm während ihrer Reise aus dem Süden treffen, teilen sich hier auf und fliegen einmal in Richtung Kanada oder Sibirien. Bemerkenswert, dass die so markante Küstenlinie selbst in der Vogelwelt bekannt ist!

Auch als Strandbesucher/in muss man sich dort für eine Richtung entscheiden. Nach Norden führt der naturbelassene Strand und nach Südosten hin beginnt der lange Badestrand.

Das Museum TIRPITZ, welches erneuert und umgebaut wurde, ist sehr beliebt und sehenswert. Wenn man auf einem Strandspaziergang in Richtung

Leuchtturm ist, kommt man irgendwann an den Maultier Bunkern vorbei. Die genaue Bezeichnung ist „Muldyr Bunkerne". Diese Bunker stammen aus 1944, die von der deutschen Besatzung errichtet wurden. Ein Künstler hat später diese Bunker in Maultiere umgearbeitet. Viele Menschen denken, dass die Bunker Pferde darstellen sollen und daher sind die Bunker bei Urlauber/innen eher unter dem Namen Pferdebunker bekannt.

Was Kinder anzieht wie ein Magnet, ist der Blavand Zoo. Dort gibt es z.B. weiße Löwen und natürlich auch viele andere Tierarten.

Für Mountainbiker und Fahrradfahrer, die den Aktivurlaub vorziehen, gibt es eine tolle Tour, die durch die umliegenden Plantagen führt.

Wenn Sie mit Kindern verreisen oder auch nur mit der/dem Partner/in und somit begeisterte LEGO Fans dabei sind, sollten Sie unbedingt in das 75km entfernte LEGOLAND fahren.

Vom Ferienhaus in Blavand kommt man automatisch in die Ortsmitte, wenn man der Hauptstraße "Blavandvej" folgt. In der Ortsmitte findet man viele Geschäfte, die zum Bummeln und Anschauen aktueller Mode einladen. Da auch ein Outletgeschäft dort ansässig ist, kann man bei Bekleidung für Damen, Herren und Kinder durchaus ein Schnäppchen finden. Eine Bäckerei ist dort auch.

Natürlich beherbergt die Ortsmitte auch zwei Supermärkte, die das ganze Jahr über geöffnet haben. Wem mal das Benzin ausgehen sollte, kann in Blavand auch eine Tankstelle finden. Somit ist an alles für den Alltag gedacht.

Wie auch hier in Deutschland, nutzen die Dän/innen Marktplätze auch als Veranstaltungsort. In Blavand finden auf dem Marktplatz Konzerte und Events statt. Sehr gut besucht ist auch ein Flohmarkt, der regelmäßig dort stattfindet.

Vejers

Vejers Strand im Süden von Westjütland hat eine große Anzahl von Dänemarkfans. Viele dieser Fans schätzen die Möglichkeit, ihr Ferienhaus in der Nähe des Strands buchen zu können. Der Strand ist dort nämlich in Richtung Süden befahrbar, weil er sehr breit ist.

In Richtung Norden darf der Strand nicht befahren werden. Nochmal mit dem Auto an den Strand kann man in Borsmose. In Westjütland sind ansonsten alle anderen Strände autofrei, was ich persönlich auch am besten finde.

Das Besondere in Vejers Strand ist, dass die Entfernung vom Ferienhaus zum Strand niemals weiter als einen Fußweg lang ist. Das liegt daran, dass alle Ferienhäuser in Vejers Strand immer in den Dünen liegen. Das bietet einen wunderbaren Windschutz. Der Wind pustet ja gerade an dem breiten Strand sehr ordentlich. Das ist komfortabel, da man auf der Terrasse des Ferienhauses nur ein laues Lüftchen bemerkt.

Nach Norden hin ist der Strand über mehrere Kilometer autofrei, bis man in Børsmose noch einmal auf dem Sand fahren darf. Alle anderen Strände in Westjütland bis hinauf zum Limfjord sind autofrei.

Die Ferienhäuser von Vejers stehen windgeschützt in den Dünen, nie weiter als einen Fußweg vom Strand entfernt. Man sollte sein Fahrrad mitbringen, da alle Wege durch die Heide, die das Gebiet umgibt und auch der Weg zum Strand mit dem Rad bestens befahrbar sind.

Die Landschaft, die hinter Vejers Strand beginnt, eignet sich hervorragend für Touren mit dem Rad. Aber natürlich kann man auch herrliche Wandertouren durch das Heideland unternehmen.

Landschaftlich zeichnet sich das Gebiet auch noch durch Seen und Bäche aus, die sich durch das Gelände ziehen.

Angler/innen werden sich freuen, da sie sich hier auch im naheliegenden Angelsee ihre Mahlzeit selbst angeln können. Der See zum Angeln liegt direkt am Ferienhausgebiet. Damit das Angeln nicht zu eintönig wird, gibt es noch weitere Angelseen in der weitläufigen Heidelandschaft.

Henne
Henne hat einen so schönen Strand, auf den es sich etwas einbilden kann!

Traditionell begeistert der Urlaubsort Familien ebenso wie Hundebesitzer/innen, Golfer/innen, Naturliebhaber/innen, Angler/innen oder Menschen mit einem feinen Gaumen. Für jede/n gibt es hier einfach das passende Angebot.

Der Strand von Henne gehört mit zu den beliebtesten Urlaubszielen Dänemarks. An der Hauptstraße, dem Strandvejen, reihen sich Restaurants, Boutiquen und Souvenirshops aneinander. Einen Ortskern oder Sehenswürdigkeiten hat Henne Strand nicht, aber das benötigt es auch gar nicht.

Die vielen Geschäfte an der Hauptstraße

nehmen sehr viel Platz ein, aber die Ferienhäuser stehen ungestört davon in dem weitläufigen Dünengebiet.

Henne Strand hat schon traditionellen Wert bei den Urlaubern/innen. Meist ist es so, dass Familien schon seit Generationen ihren Urlaub in Henne buchen. Die Familien schätzen den breiten Strand, an welchen die Dünen grenzen. Teilweise sind diese Dünen bis zu 25m hoch. Henne Strand ist geprägt durch den Tourismus. Es gibt viele Ferienhäuser und im Ortskern gibt es so viele Geschäfte und noch mehr Restaurants.

Die Ferienhäuser sind für jede Geldbörse ausgelegt. Sowohl der anspruchsvolle Gast als auch der Gast, der etwas mehr auf sein Geld achten muss und eine bescheidenere Ausgabe eines Hauses sucht, findet hier das Richtige.

Auch für die Sportlichen gibt es allerhand zu tun. Golfen auf dem nahegelegenen 18-Loch Platz, Schwimmen im Schwimmbad, Tennisspielen, Reiten und Fahrrad fahren ist hier möglich.

Auch, wenn vorwiegend Ferienhäuser gebucht werden, gibt es dennoch fast ein Dutzend Ferienwohnungen, die allerdings im Ortskern liegen, sodass diese für Menschen geeignet sind, die zentral wohnen wollen und alles schnell erreichbar vor der Tür haben möchten.

Houstrup

Der Ort Houstrup liegt hinter den Dünen in flachem Waldgebiet. Es handelt sich also um die beste Lage in unberührter Natur.

Von den Ferienhäusern dort sind es bis zum Nordseestrand 4km durch schöne Dünenlandschaften. Wie man den Weg zum Wasser bestreitet, bleibt jedem selbst überlassen. Mit dem Fahrrad geht es natürlich am schnellsten. Aber auch ein Spaziergang, bei dem man die Umgebung viel mehr wahrnimmt, ist nicht zu verachten.

Zu den Ferienhäusern gehört in der Regel ein großes Rasengrundstück. Dieses ist zum Spielen einfach perfekt. Natürlich wurde auch an Spielplätze auf dem Gelände gedacht.

In Houstrup wohnt man in einer geschützten Lage im flachen Wald, ohne auf die Vorteile der dänischen Nordseeküste verzichten zu müssen. Mit dem Rad ist man schnell am Strand, auch zu Fuß sind die vier Kilometer durch die malerische Dünenlandschaft noch zu bewältigen.

Die großen Rasengrundstücke eignen sich prima zum Toben und Fußballspielen. Zudem warten mehrere Spielplätze zwischen den Ferienhäusern auf die Kinder.

Der Strand ist naturbelassen. Das bedeutet also, dass einige Steine den Strand säumen, aber das ist keinesfalls störend.

Die Dünen sind zwar etwas höher und man muss sich bemühen, wenn man sie bezwingen möchte. Aber hat man das getan, entschädigt der Ausblick über den breiten Strand auf die Nordsee für die Mühen! Außerhalb der Badesaison bietet sich diese windgeschützte Lage für einen Ferienhausurlaub an der dänischen Nordsee geradezu an.

Selbstverständlich kann man auch per Auto zum Strand kommen. Der Weg dauert acht Minuten. Dort angekommen wählt man einen der zwei Parkplätze, der jeweils zu einem Strandzugang gehört.

Alles in allem ist Houstrup ein Gebiet, in dem man Urlaub macht, wenn man ein Ferienhaus im Wald möchte. Es gibt viele Ferienhäuser, aber dennoch hat der/die Urlauber/in in jedem Ferienhaus und auch darum herum seine Ruhe, da jedes Haus für sich im Wald steht. Zudem gibt es genug Abstand zum Nachbarferienhaus. Also ein Ruheurlaub ist ohne Probleme möglich.

Hvide Sande

Hvide Sande liegt in der Mitte des Holmsland Klits. In Hvide Sande wird durch eine Schleuse der Ringkobing Fjord mit der Nordsee verbunden.

Eigentlich spielt sich alles in Hvide Sande einmal nördlich und einmal südlich der Schleuse ab.

Nördlich gibt es allerhand Einkaufsmöglichkeiten, eine Fischräucherei und das Touristeninformationsbüro.

Südlich findet man den Ortskern mit dem großen Fischereihafen. Zu diesem Hafen gehört eine große Fischauktionshalle, die sonntags auch für Urlauber/innen oder nennen wir sie Tourist/innen geöffnet hat.

In Hvide Sande gibt es den Südstrand, auf dem man über weichen, weißen Sand schreiten kann. Wer mag, kann sich dort mit Beachvolleyball sportlich betätigen. Der Nordstrand ist zwar riesig groß, wird aber durch drei Windräder beherrscht. Der Strand wird meist von Angelinteressierten genutzt oder Menschen bewandert, die Spaziergänge mögen, bei denen einem niemand begegnet. Das neue

Ferienhauszentrum wurde am Ufer des Fjords angelegt.

Urlaub mit der Familie

Zu allererst muss man daran denken, dass man einen Kinderreisepass bei sich hat, wenn man mit seinem Kind/seinen Kindern nach Dänemark fahren möchte. Der Kinderreisepass gilt für Kinder bis 12 Jahre.

Nimmt nur ein Elternteil das Kind / die Kinder mit in den Urlaub, muss eine Bestätigung des daheimbleibenden Elternteils in Schriftform mit-geführt werden, die besagt, dass Letztere/r erlaubt, dass das Kind nach Dänemark mitgenommen werden darf.

Sobald Ihr(e) Kind(er) hören werden, dass es im nächsten Urlaub/Sommer wieder oder vielleicht auch das erste Mal nach Dänemark in einen der beiden Orte geht, wird zwar im Auto sofort die Frage kommen „Wann sind wir da...?", auch wenn man gerade erst los gefahren ist, aber dies zeigt ja nur die Freude darüber, dass es in einen spitzenmäßigen Urlaub geht.

Wenn Sie eine windgeschützte Lage am Fjord der oft stürmischen Nordsee vorziehen, sind Sie in Bork Havn bestens aufgehoben. Hier werden Sie für Ihre Familie und sich fast alles bekommen, was Dänemark so liebenswert macht. Nur auf eines müssen Sie dort verzichten: den Dünenberg direkt vor der Haustür. An der Küste entlang von Bork bis Skaven gibt es einige Fjordstrände mit ganz viel Sand und flachem Wasser, was für Kinder natürlich hervorragend ist.

Für Familien sehr interessant oder auch für eine/n Alleinreisende/n ist die Buchung eines der Hausboote an der Mole. Die Hausboote kann man zwar nicht fahren, aber morgens vom leisen Geplätscher der Fjordwellen geweckt zu werden, ist eine tolle Art des Aufwachens.

Zwar liegen die Hausboote fest vertäut an einem Steg, aber bei starkem Wind bemerkt man, dass sie schwimmen. Zum Baden hat man es von den Hausbooten aus auch nicht wirklich weit, denn hinter einem kleinen Deich liegt eine wunderschöne, flache Sandbucht. So kann in aller Ruhe gefrühstückt werden und man kann danach in ein paar Minuten im flachen Wasser das Fjordfeeling genießen.

Sollte es im Sommer tatsächlich mal regnen, kann man mit seinen Kindern eine schöne Zeit im Indoor-Spielpark verbringen. Dort in der großen Halle können Kinder sich mit Hüpfen, Rutschen oder Ballspielen hervorragend die Zeit vertreiben, bis die Sonne wieder scheint. Für die Eltern gibt es aber auch die Möglichkeit, sich nicht über das Regenwetter zu ärgern. Dort in der Halle gehören Billard, Airhockey und das ein oder andere Fitnessgerät zum Angebot. Bisher haben die Besucher/innen der Halle immer alle Angebote dort sehr gern genutzt.

Wer gerne surft in der Familie, der wird sich am Surfspot mit Gleichgesinnten treffen. Dort surfen sowohl Anfänger/innen, als auch Surferprobte. Wer sich nicht ganz sicher fühlt, kann natürlich gerne in einer der beiden ansässigen Surfschulen einen Kurs buchen. Die Mitarbeiter/innen dort sind sehr freundlich, haben die nötige Geduld und vor allem Erfahrung sowie das nötige Wissen, um den Kursbesucher/innen zu helfen.

Meist buchen die Surfbegeisterten schon rechtzeitig ein Haus direkt am Wasser, sodass man sein Equipment nur wenige Meter bis zum kühlen Nass tragen muss. Selbstverständlich kann man aber auch direkt am Spot parken.

Wenn man auch mal etwas gemütlicher unterwegs sein möchte, ist das sehr gut möglich, wenn man dem schönen Rundweg mit sportlichen Geräten am Fjord entlang geht. Diesen Trimmpfad nennt man in Dänemark „Hjertesti". Erkennungsmerkmal ist der rote Kreis mit einem Herz in der Mitte.

Herrlich sind aber auch die Picknickplätze und wunderschönen Sandbuchten, die man erkunden kann.

Der größere Jachthafen in Skaven hat sich als sehr beliebtes Ausflugsziel herausgestellt. Dort kann man wieder Surfern südlich vom Hafen zuschauen oder der große Bolz- und Spielplatz lädt die Kinder zum sich Auspowern ein.

Was ich persönlich empfehlen kann, ist der Flohmarkt, der wöchentlich von April bis Oktober in Tarm (ein Städtchen östlich von Bork Havn) stattfindet. Dieser ist für Kinder auch immer eine willkommene Abwechslung und irgendetwas findet sich doch immer auf Flohmärkten.

In Bjerregard hingegen macht diejenigen Urlaub, die es lieben, die hohen Dünen zu erklimmen, sich oben angekommen, aneinander und gegebenenfalls auch die Mütze, festzuhalten. Dort oben weht einem die Nordsee zur Begrüßung immer stark entgegen. Einfach nur herrlich. Man wird durchgepustet und kann die salzige Luft wirklich schmecken.

Und dann heißt es: „Schuhe aus, Arme ausbreiten und die Düne wieder herunterlaufen, bis man am Meer ankommt." Das ist ein so tolles Gefühl. Davon zehre ich immer dann, wenn ich im Sommer das Gefühl habe, hier im Ruhrgebiet weht kein Lüftchen. Dann stelle ich mir diesen Run ans Meer vor bei starkem Wind.... Da geht einem das Herz auf!

Wenn man dann erstmal am Meer angekommen ist, kann man entweder stundenlang mit Muschelsammeln und ausgebleichtem Treibholz die Zeit verbringen, oder genauso lange einfach nur am Strand spazieren gehen. Nichts ist befreiender als solch ein Spaziergang.

Aus eigener Erfahrung kann ich sagen, dass man nach einem langen Spaziergang in Dänemark an der Nordsee abends sehr müde, aber völlig glückselig ganz schnell einschlafen kann.

Der Strand ist in Bjerregard auch nur zu Fuß erreichbar. Zumindest in Bjerregard. Aber gerade das ist das Wunderbare. Keine Parkplatzsuche notwendig, weil gar keiner mit dem Auto dorthin kommt. Perfekt also.

Baden gehen ist natürlich erlaubt. Das Wasser ist immer recht frisch, sodass man besonders Kinder beim Schwimmen beobachten muss, denn eine öffentliche Badeaufsicht gibt es nicht. Es ist immer große Vorsicht geboten, denn sogar einem Erwachsenen kann bei starkem Wind in knietiefem Wasser eine Welle schon einmal bis zum Hals schwappen.

Die Wasserqualität ist sehr gut, der Strand ist mit der blauen Flagge ausgezeichnet. Unter Berücksichtigung aller Vorsichtsmaßnahmen kann man also bedenkenlos in die Fluten gehen.

Bjerregard zieht jedes Jahr Massen an Feriengästen an. Da ist auch die Jahreszeit völlig unwichtig.

Frühling, Sommer, Herbst oder Winter...egal, die Urlauber kommen.

Da Bjerregard den schönsten Strand hat, wie die Urlauber sagen, verbringen die Urlauber hier auch die meiste Zeit. Stundenlange Spaziergänge, Kinder lassen ihre Drachen steigen, was bei dem Wind immer ein riesengroßer Spaß ist.

Natürlich ist der Strand im Sommer am meisten besucht. Einfach eine Decke, einen Korb mit Leckereien fürs Picknick und ganz wichtig bei der Sonne einen Sonnenschirm eingepackt und ab geht's zum Strand...

Wenn das Thermometer, wie zu erwarten, auch diesen Sommer wieder über die 30 Grad Marke klettert, kann man sich auch hervorragend im Wasser abkühlen. Allerdings bitte immer die Baderegeln beachten und Kinder natürlich niemals unbeaufsichtigt ins Wasser schicken.

Die Gezeiten des Wattenmeers in Deutschland gibt es hier in Dänemark nicht. Zum Glück! Das Wasser ist immer da. Das Wattenmeer endet auch kurz vor Blavand. Ein wenig Ebbe bemerkt man natürlich, aber das Wasser geht nur einige Meter zurück. Aber es bleibt so immer tief genug, um auch Schwimmen zu können. Hier gilt es auch an die gefährlichen Strömungen zu denken, die Riptides. Auch für eine/n geübte/n Schwimmer/in sind diese Strömungen lebensgefährlich.

Für Reitbegeisterte gibt es auch ein Reitcenter, welches Ausritte am Strand, aber auch durch die Landschaft anbietet.

Bei solch einem Ausritt durch die Landschaft, aber natürlich auch bei einem Spaziergang, kann man mit Glück auch Wildtiere beobachten.

Übrigens kann man auch ein Reh sehen, wenn man morgens aufsteht und einen Blick über die Landschaft wirft. Das ein oder andere Reh stand auch schon auf der Terrasse der Ferienhäuser.

In Bjerregard kann man mit Strandmuschel und Picknickkorb schon sagen, dass man perfekt ausgerüstet an den Strand geht.

Worauf man allerdings immer und überall drauf achten sollte, ist der UV-Schutz gerade für Kinder. Die UV-Strahlung ist an Dänemarks Nordseeküste sehr intensiv, auch bei bedecktem Himmel. Also immer an Mütze und T-Shirt denken für die Kinder!
Was bei einem Strandbesuch auch sehr wichtig ist, ist das Merken der Strandnummer.

Jeder Strandzugang hat eine eigene Kennziffer. Sie steht immer auf einem Schild am Aufgang zu den Dünen. Für Notfälle oder auch den Heimweg sollte sich diese Nummer gemerkt oder eben fix im Smartphone abgespeichert werden.

Die Familie, die gerne mit dem Rad unterwegs ist, kommt auch hier ganz auf ihre Kosten. Wer nicht sein eigenes Fahrrad dabei hat im Urlaub, kann sich am Campingplatz im Ort ein Fahrrad ausleihen. Die Radwege sind sehr gut ausgebaut und, was für Kinder spitze ist, auch gefahrenlos zu befahren. Was allerdings schon mal zu Missstimmungen führen kann, ist der Gegenwind, aber den nimmt man dort gern in Kauf. Man ist ja schließlich im Urlaub!

Blavand

Der Südstrand von Blavand ist besonders für Kinder wunderbar, da der Strand bei Ebbe deutlich flachere Bereiche hat. Zudem gibt es hier in der Hauptsaison auch über einige Wochen Rettungsschwimmer/innen, die von einem Turm aus alles beobachten.

Wenn es doch einmal regnen sollte und die Kinder gefrustet im Ferienhaus hocken, gibt es ein tropisches Badeland. Und zwar am Hvidbjerg Strand. Mit dort untergebracht sind noch ein Playland und eine Bowlingbahn. Schlechtes Wetter wird dann also einfach ignoriert und der Spaß nach drinnen verlegt.

Und was ebenfalls immer für gute Laune bei Kindern sorgt, ist die Bonbonmanufaktur in Blavand. Die Manufaktur heißt Blavand Bolcher. Und gehört zu den bekanntesten in Dänemark.

Hier findet man immer leckere Bonbonmitbringsel für die Daheimgebliebenen. In so vielen Geschmacksrichtungen, dass man egal, was man mitbringt, immer den richtigen Geschmack trifft.

Bei der bekannten Kerzenmanufaktur in Blavand können Frauenherzen schnell beim Kerzen-Selberziehen höherschlagen. Natürlich muss man für eine schöne Kerze keinen Kurs besuchen, sondern kann diese auch einfach käuflich erwerben.

Houstrup

In Houstrup gibt es viel Grün, Spielplätze, Restaurants, ein Schwimmbad Geschäfte in Nebel. Das Alles sorgt für gute Urlaubsbedingungen.

Houstrup „versteckt" sich etwas im Hinterland und liegt nicht direkt an der Nordsee. Von hier aus können Sie entspannt im Ferienhaus abschalten oder von hier aus einen tollen Tag im Umland planen und Ihren Ausflug vorbereiten.

Die toll ausgestatteten Ferienhäuser in Houstrup sind gerade für Familien hervorragend. Und auch außerhalb der Ferienhäuser ist es für Kinder prima. Zu jedem Ferienhaus gehört immer eine große Rasenfläche. Zudem warten mehrere Spielplätze zwischen den Ferienhäusern auf alle Kinder. Außerhalb der Badesaison bietet sich diese windgeschützte Lage für einen Ferienhausurlaub an der dänischen Nordsee geradezu an.

Einen gemütlichen Nachmittag auf einem Bauernhof erlebt man im Farm Café am Houstrupvej. Drinnen wie draußen ist die Einrichtung sehr dänisch, also „hyggelig". Viel Spielzeug und eine Streichelwiese warten hier auch auf junge Besucher/innen. Bei hausgemachter oder vielmehr hausgebackener Torte und anderen Leckereien vergeht ein Nachmittag wie im Flug. Wer mit seiner Familie nach Houstrup gereist ist, der kann von hier aus zu ganz vielen Ausflugszielen losziehen.

Keine 80km entfernt liegt das allseits bekannte Legoland Billund. Es gibt dort 50 Mio. Steine, die nicht nur Kinderherzen höherschlagen lassen. Dort gibt es nicht nur lebensgroße Figuren der Lego Friends für Mädchen, oder Lego Star Wars für Jungs, sondern auch große Bauteile für Männer. Bisher ist noch jeder Mann im Legoland beim Anblick der ganzen Legosteine schwach geworden, hat sich im Shop ein Legoset gekauft und mit den Kindern (wenn sie Papas Legosteine berühren durften) im Ferienhaus aufgebaut.

Was auch immer geht, ist ein Besuch des Zoos Givskud. Wer mag, nimmt hier an einer Autosafari teil, bei der man den Tieren näher sein kann, als sie nur aus der Ferne zu beobachten.

Kinder werden große Augen bekommen, wenn sie dort das Rudel Löwen beobachten. Natürlich runden viele andere Tierarten den Ausflug in den Zoo ab und es gibt für Kinder sehr viel zu bestaunen.

Wer aber gerne in und um Houstrup bleiben möchte,

der muss natürlich nicht weit fahren, um Abwechslung zu haben.

Im nahen Nymindegab kann man ein Skelett eines Pottwals beobachten, welcher im Jahr 1990 leider dort gestrandet war.

Viele Urlauber/innen möchten sich die Natur ansehen. Houstrup hat in der Nähe einen der größten Dünenwälder zu bieten. Kinder lieben es, dort in den sogenannten Blabjerg Klitplantagen herum zu tollen, oder die höchste Düne Dänemarks („det Bla Bjerg", also „Blauer Berg") herauf zu rennen. Da die Düne 64 Meter über dem Meeresspiegel groß ist, haben Kinder dort viel Elan am Anfang und werden zum Gipfel der Düne hin dann um einiges langsamer. Aber oben angekommen kann man unendlich weit schauen.

Möchten Sie sich mal mit einer Draisine fortbewegen? Dann auf zur Draisinenstrecke, nach Nymindegab und zurück. Diese Form der Verausgabung lieben Kinder gerade zu.

Die Schlüssel für eine Draisine muss man sich bei einer Tankstelle am Vesterhavsvej abholen. Geocacher werden sich dort auf der Strecke wundern, dass sie einige tolle Schätze finden werden.

Hvide Sande

Hvide Sande ist für die Familien gedacht, die sich dem Surfsport verschrieben haben.

Neben dem neu entstandenen Ferienhausgebiet Tyskerhavn gibt es ein Wassersportzentrum.

Für Anfänger/innen bis hin zu den Surferprobten, gibt es hier ideale Bedingungen.

Wer Strandurlaub machen möchte, tut das mit seinen Lieben meist am Südstrand. Dort kann man mit Sack und Pack auf dem Parkplatz stehen bleiben und den gepflasterten Weg zum Strand nehmen.

Wenn man mit seiner Familie die höchste Düne bezwungen hat, es führen Treppen und ein rollstuhlgerechter Weg bis hinauf zur Kuppe, kann man von hier oben die Hafeneinfahrt, sowie das ganze Hafengebiet und den Ringkobing Fjord mit der neuen und imponierenden Mole und den schönen Sandstränden an der Nordsee sehen.

Mögen Sie und Ihre Begleitpersonen Fisch? Dann auf zum Hafen. Dort findet man fangfrischen Fisch zu günstigen Preisen. Und was schmeckt besser als frischer Fisch?

Wobei man aus zwei Häfen den für sich Besten auswählen kann. Es gibt Tyskerhavn und

Mamrelund. Hier kommen die kleinen Jollen täglich an mit ihrem frischen Fang und man kann auch diesen fangfrischen Fisch direkt vom Boot weg kaufen. Zudem gibt es hier in den Häfen auch Hausboote, die man mieten kann.

Am Strand von Hvide Sande ist man allerdings nicht allein und im Sommer kann man da im Gewimmel schon mal sein Kind kurz aus den Augen verlieren, aber abhanden ist hier noch nie ein Kind gekommen! Vielleicht auch, weil man dort in den dänischen Modus „alles schön gemütlich" übergeht und so keine Panik aufkommt, wenn man das Kind mal eine Minute nicht sieht. Schwups, da steht es auch schon neben einem und grinst einen fröhlich an.

Wer Spaß am Wakeboarden hat, kann sich per Seilkonstruktion über dem Fjord über das Wasser ziehen lassen. Dies kann man im oben genannten Wassersportzentrum tun. Dieses Zentrum hat den Namen „Kabelpark".

Die Laufbegeisterten können im Juni am Strandmarathon teilnehmen. Der findet grundsätzlich immer im Juni statt. Los geht es am Surfspot unweit des Wassersportzentrums und hier ist dann auch das Ziel. Die satten 40km führen nach Nymindegab und zurück. Die ganz Kleinen dürfen natürlich im Sport-buggy sitzend vor sich hergeschoben werden. Das bedeutet natürlich doppelte Anstrengung, da man ja einen Großteil der Strecke am Strand ableisten muss. Jedoch ist der Sand dort fest und man kann durchaus die Buggys sehr gut vor sich her bewegen. Anstrengend wie gesagt, aber dafür ist diese Lauf-strecke einmalig und Sie werden das Erlebnis nicht vergessen. Da nimmt man den garantierten Muskel-kater danach gerne in Kauf!

Natürlich kann es auch passieren, dass man sei-nen Kinderwagen bei Abfahrt aus der Heimat in den Urlaub vergisst. Das ist auch hier wieder kein Prob-lem: Der Fahrradverleih Hvide Sande Bike verleiht auch Kinderwagen. Sie werden sogar bis zum Feri-enhaus gebracht bei der Anreise. Auch Rollstühle und E-Bikes hat der Verleih im Angebot. Einfach nur toll, dass die Dän/innen an wirklich alles denken.

Urlaub mit dem Hund

Auf geht's nach Dänemark... und das natürlich für die ganze Familie.

Bei uns heißt das auch mit den beiden Hunden. Und da wir mit einem Labrador und einem Jack Russel verreisen, sind die zwei auch die ersten, die im Auto sitzen, wenn sie bemerken, dass es gleich losgeht.

Was man in Dänemark nicht vergessen darf, ist der Impfpass für die Hunde und natürlich, dass die Tollwut- Impfung noch nicht länger als ein Jahr her ist. Es muss auch ein EU-Tierausweis sein. Die gelben Hefte, die man eventuell noch Zuhause hat, reichen nicht aus, um mit dem Tier in Dänemark einzureisen. Hinzu kommt noch, dass die Tiere auch gechipt sein müssen.

Es gibt 13 Hunderassen, die nicht mit nach Dänemark einreisen dürfen. Zu diesen Rassen gehören z.B.: American Staffordshire Terrier, American Bulldog und der Pitbull Terrier. Die anderen Rassen, die nicht einreisen dürfen, sind im Internet aufgeführt.

Es herrscht überall in den Monaten von April bis einschließlich dem 15. September Leinenpflicht am Strand. In den eingezäunten Gebieten im Wald zum Beispiel gibt es die Möglichkeit, den Hund/die Hunde ohne Leine herumtollen zu lassen.

Sie werden auch in Dänemark vereinzelt Ferienhäuser finden, die ein eingezäuntes Grundstück haben, aber diese sind die Ausnahme. Die Dän/innen halten nicht so viel von der Abgrenzung ihrer Grundstücke wie wir Deutschen das gerne tun.

Man kann aber durchaus bei den Ferienvermietungen erfragen, ob ein Ferienhaus mit eingezäuntem Grundstück vorhanden ist. In seltenen Fällen gibt es auch Häuser mit einem Zwinger.

Die Dän/innen sehen es auch sehr gerne, wenn Hundebesitzer/innen die mitgebrachten Hunde-tüten auch benutzen und den Kot ihrer Tiere in dem Beutel in den Abfallbehältern, die sich bei den Strandzu- und -abgängen befinden, entsorgen. Leider funktioniert das in Dänemark nicht immer gut, aber das tut es ja in der Heimat auch nicht immer. Die Dän/innen selbst gehen vorbildlich mit ihrem Land und der Natur um, somit können sie das auch von Urlauber/innen erwarten, wie ich finde.

Was wir bei unseren Hunden schon praktiziert haben, ist das Befestigen einer Dose mit Zettel drin, auf dem die Handynummer und die Adresse des Ferienhauses notiert ist, am Halsband oder am Geschirr. Dies kann hilfreich sein, wenn der Hund einem doch einmal ausbuchst.

Die Dän/innen bieten auch keine ausgewiesenen Hundestrände an. Jeder Hund kann mit an jeden Strand. Und das nur mit Leine. Eine Schleppleine ist auch gestattet. Erfahrungsgemäß kann man bei einer 10m Leine immer rechtzeitig den Hund stoppen, sollte er durchstarten wollen.

Hunde, die gerne baden (wie unser Labrador z.B.), dürfen das in der Zeit vom 16. September bis

31. Mai auch tun. Allerdings nur an Stränden mit blauer Flagge, das dann auch ohne Leine.

Natürlich dürfen die Hunde von April bis einschließlich 15. September auch baden gehen, das dann aber auch nur an Stränden mit blauer Flagge und nur mit Leine!

Muss man mit seinem lieben Vierbeiner auch mal zum Tierarzt, findet man die niedergelassenen Tierärzt/innen oder Tierkliniken auf der Seite der dänischen Tierärztevereinigung. Bisher nur auf Dänisch, aber man findet sich schnell zurecht, wenn man einfach im Dropdown Menü „Find en dyrlaege" und anschließend „Dylaege-Hobbydyr" auswählt.

Dann zoomt man sich nur noch den gewünschten Ort heran und kann durch das Anklicken des Pins die gewünschten Informationen, wie Adresse und Telefonnummern der Tierärzt/innen und /oder Kliniken erhalten.

Bork Havn

Für Urlauber/innen mit Hund ist die Gegend um Bork Havn ebenfalls sehr attraktiv. Stundenlange Spaziergänge am Strand entlang oder durch das umliegende Gelände sind ein Traum für Mensch und Tier. Wer seinen Hund gerne ohne Leine am Strand laufen lassen möchte, darf dies in der Zeit von Oktober bis April tun. In der übrigen Zeit nur mit Schleppleine oder man nutzt die eingezäunten Klitplantagen, in denen es „Leine los" heißt und die Tiere unangeleint herumtollen dürfen.

Bjerregard
Am Rand des Ortes Bjerregard kann man seinen Hund in einem umzäunten Waldstück laufen lassen und das dann auch ohne Leine.

Auf eine Wandertour durch die Dünen kann man seinen Hund natürlich auch mitnehmen, aber das natürlich nur an der Leine.

Die Wanderwege in Bjerregard sind ebenfalls wunderbar und man kann stundenlang mit seinem Tier unterwegs sein. Man findet in Bjerregard auch Ferienhäuser, die nicht nur einen Hund erlauben, sondern auch zwei oder drei.

Und bei Vermieter/innen, die nur einen Hund erlauben, kann man anfragen, ob man auch mit zwei Hunden anreisen kann. Allerdings sollte dann ein Hund klein sein und beide Tiere sollten sich zu benehmen wissen!

So haben wir unser Ferienhaus für den nächsten Sommerurlaub auch gebucht. Einfach direkt bei der

Anfrage nachhaken, ob auch zwei Hunde möglich sind.

Blavand

Blavand ist ein idealer Strand, um seinen geliebten Vierbeiner auszulasten. Der Strand ist breit und lang, sodass selbst an der Schleppleine der Hund richtig Meter machen kann, wenn es die Kraft zulässt.Also ein idealer Hundestrand.

Denn der Wind ist schon etwas stärker, aber das liebt unser Labrador zum Beispiel sehr und abends fällt er müde in sein Körbchen.

Man kann aber auch, anstatt eines Strandspaziergangs, einen langen Nachmittag in einem der Hundewälder in der Umgebung Blavands verbringen. In Oksby befindet sich so ein Hundewald. Dieser ist eingezäunt, verfügt über eine Grillstelle und einen naturgetreuen Spielplatz, sodass man den Hundewald durchaus als Ausflugsziel favorisieren kann!

Der wasserfreudige Hund kommt hier auch auf seine Kosten, da es Bäche im Wald gibt zum Reinlegen oder natürlich auch einfach nur zum Trinken. Der/die Hund/e sollten allerdings in diesen Wäldern immer abrufbar sein und somit zeigen, dass der/die Besitzer/in die Kontrolle hat über das Tier.

Houstrup

In Houstrup findet man in einer Vielzahl von Ferienhäusern das Zeichen „Hunde erlaubt" in der Beschreibung.

Nymindegab hat auch einen eingezäunten Hundewald, indem der Hund ohne Leine laufen darf.

Der Strand von Houstrup ist lang und durch weißen Sand geprägt. Hier gibt es neben in Badeanzug oder Badehose bekleideten Gästen auch Gäste der Freikörperkultur. Und dazwischen dürfen auch Hunde herumspringen und buddeln. Aber natürlich alles nur an der Leine und das von April bis einschließlich dem 15. September.

Vejers

In Vejers gibt es, wie woanders, auch Möglichkeiten mit Hund zu Urlauben. Allerdings sind dort am Strand die Regelungen etwas anders getroffen oder vielmehr teils umstritten.

Die Leinenfreiheit von Oktober bis März gilt nur, wenn der Hund nicht zu anderen Strandbesucher/innen oder Hunden läuft. Hinzu kommt die absolute Abrufbarkeit des Hundes. So gibt es dort an einigen Stränden die Vorgabe, den Hund immer an der Leine zu führen. Was heißt, dass der Hund das ganze Jahr über an der Leine bleiben muss.

Genauso gibt es Strände, an denen gar kein Hund mehr erlaubt ist. Daher bitte immer auf die Beschilderungen achten, sobald man zum Strand kommt. Teilweise gibt es die Beschilderung des Hundeverbots am Strand auch schon auf den ersten Schildern, die zum Strand führen.

So erspart man sich eine Fahrt zu einem Strand, wo gar keine Hunde erlaubt sind!

In Vejers bekommt man natürlich auch Hundetüten. Entweder entnimmt man sie den Behältern, oder man geht ins Touristenbüro, wo man die Tüten selbstverständlich auch bekommt.

Henne

Selbstverständlich gelten auch hier die Gesetze für Hunde wie in ganz Dänemark. Aber hier in Henne gibt es einfach noch diese zusätzliche Information zu Hunden, die zu den 13 bestimmten Rassen gehören:

Hat man einen Hund dieser bestimmten Rassen, muss man noch beachten, seit wann man das Tier besitzt.

Zudem muss ein Nachweis erbracht sein, dass man den Hund vor dem 17. März 2010 bereits besessen hat. Dann darf / die Besitzer/in weiter mit seinem Hund nach Dänemark einreisen.

Aber man ist dann an einige Vorschriften gebunden. Das bedeutet, dass der Hund einen gesicherten und geschlossenen Maulkorb tragen muss, sobald man sich mit ihm dort bewegt, wo auch der Zugang für die Allgemeinheit gegeben ist. Zudem muss der Hund immer an der Leine geführt werden, welche nicht länger als zwei Meter sein darf.

Auch in den umzäunten Hundewäldern sind diese Hunde erlaubt und dürfen dort auch ohne Leine unterwegs sein, wie alle anderen Hunde auch. Allerdings muss der Maulkorb auch hier weiter getragen werden und es muss vom Besitzer / der Besitzerin des Hundewalds die ausdrückliche Erlaubnis vorliegen, dass eben dieser Hund den Wald ohne Leine betreten darf.

Hvide Sande
Macht man mit seinem Hund in Hvide Sande Urlaub, hat man jeden Tag etwas Neues zu erleben. Für Hund und Mensch gibt es viel zu tun in Hvide Sande.

Der Urlaub mit Hund in Hvide Sande bietet vielfältige Möglichkeiten und ist jedes Mal aufs Neue ein Erlebnis für Tier und Herrchen. Dass Dänemark sehr hundefreundlich ist und dem/r Besitzer/in sehr entgegen gekommen wird, bemerkt man daran, dass Hunde überall gern gesehen und fast überall mitgenommen werden dürfen. Auch in Bus und Bahn dürfen Hunde mitfahren zum Kinderpreis. Kleinere Hunde fahren umsonst mit.

Schon Dänemarks Nähe zu Deutschland macht es hundefreundlich. Denn das bietet ein ähnliches Klima und eine eher kurze Anreise.

Was die Urlauber/innen mit Hund erwartet, sind traumhafte Landschaften für ausgedehnte Spaziergänge. Dass die Bevölkerungsdichte hier nur halb so hoch wie in Deutschland ist, merkt man überall. In ruhigen Ferienorten wie Hvide Sande ist man schnell in der idyllischen Natur.

Wir sind jedes Mal begeistert darüber, wie offen man empfangen wird, wenn wir anreisen, die Heckklappe geöffnet wird und wir dort unseren Labrador und den Jack Russel aussteigen lassen.

Die Dän/innen stehen einem stets freundlich gegenüber. Sind so hilfsbereit und verständnisvoll. In Deutschland gibt es viele Vermieter/innen von Ferienhäusern, die eigentlich nur einen Hund erlauben und dann nach Anfrage doch unsere zwei Tiere gestatten. Dies ist jedoch selten. Und in jedem der hier aufgeführten Orte dagegen ist dies in der Regel kein Problem.

Zudem kann man nirgendwo in Deutschland so ausgedehnte Spaziergänge mit Hund und Kind machen, wie in Dänemark. Die schier endlosen Strände sind für Familien und Hunde einfach traumhaft.

Vor allem für Mamas. Abends nochmal fix mit dem Hund an den Strand und eine große Runde drehen ist spitze. Ganz allein mit dem Hund am Strand, an dem meistens sonst niemand mehr ist. Herrlich.

Nur Hund, Wind und Wasser begleiten Sie dann. Diese Ruhe ist unbezahlbar! Auch wenn man sein Kind liebt, braucht man im Urlaub mal Zeit ganz für sich. Und da kann ich nur raten: Gehen Sie raus ans Wasser und spazieren Sie noch etwas durch den Sand!

Einkaufen und Essen

Bork Havn

Wer bummeln liebt, der kommt in Bork Havn auch auf seine Kosten. Viele mit Liebe geführte Geschäfte laden zum Stöbern ein.

Neben den Geschäften zum Bummeln darf natürlich das leibliche Wohl nicht zu kurz kommen. Hunger und Durst kann man in einem der zahlreichen Restaurants oder Cafés stillen.

Nicht zu verachten sind auch die Eisläden, die sich in der Fußgängerzone und auch am Hafen befinden. Eis schleckend durch die Straßen spazieren und sich umsehen ist einfach nur perfekt.

Bjerregard

In Bjerregard findet man alles, was man braucht in dem sehr gut aufgestellten Supermarkt.

Wer schnell was „auf die Hand" möchte, der begibt sich am besten in die Fischräucherei. Zum Fisch kann man natürlich Pommes bekommen oder diese auch pur ohne Fisch genießen. Es soll ja tatsächlich Menschen geben, die keinen frischen Nordseefisch essen. Banausen nenne ich die gern!

Unsere Tochter isst dann grundsätzlich eine der leckeren Softeisvarianten zum Nachtisch. Satt heißt ja nicht, dass kein Eis mehr reinpasst. Die Portionen in der Fischräucherei sind sehr üppig, aber für frischen Fisch mit Beilage sehr günstig. Zu dem Preis bekommt man in deutschen Küstenstädten in jedem Fall nicht solche Portionen.

Die Urlauber, die morgens gerne frische Brötchen frühstücken möchten, was ja im Urlaub durchaus täglich vorkommen soll, können sich die Brötchen am Campingplatz holen. Allerdings nur den Sommer über. Über die anderen Monate muss man sich mit dem Angebot an Aufbackbrötchen und Brot im Supermarkt zufrieden geben. Das ist aber auch vollkommen in Ordnung.

Blavand

Wer Angst hat, kulinarisch nicht gut versorgt zu sein in Blavand, liegt falsch. Es gibt ein breit gefächertes Angebot an Restaurants und auch einige sehr gute Feinkostgeschäfte. Dieses Angebot kann sich durchaus mit einer mittleren Kleinstadt messen. Frischen Fisch, erstklassige Fleischwaren und einen lokalen Bäcker ebenfalls.

Köstliches Eis gibt es in jedem der vielen Eisläden im Ort. In jedem der Eisläden gibt es besonders für Kinder abwechslungsreiche Streuselvariationen, unter denen sie eine oder auch mehrere für ihr Eis wählen können.

Natürlich gibt es aber nicht nur Restaurants und Feinkostläden, sondern auch Supermärkte, die ein anständiges Angebot an Waren bieten.

In Blavand gibt es rund 1.800 Ferienhäuser und die Urlauber/innen wollen ja auch versorgt sein und nicht weit fahren müssen zum Einkaufen.

Vejers

Vejers hat zum Einkaufen für das Nötigste einen kleinen Lebensmittelmarkt, der in den Sommermonaten auf dem Campingplatz öffnet.

Zudem gibt es auf der Hauptstraße von Vejers zwei kleine Supermärkte, die klein, aber fein sind. Die beiden Supermärkte sind sehr gut sortiert. Dort bekommt man alles, was man benötigt und das auch zu kleinen Preisen.

Natürlich fehlt auch hier die Pizzeria nicht und auch ein Fischgeschäft hat seinen Sitz in Vejers. Ein kleines uriges Restaurant findet man dort auch.

Das Schönste ist aber die Bäckerei Vejers Bageri, die zu den besten Bäckereien in der Region gehört.

In der Dropskogeri im Zentrum von Vejers werden die leckersten und besten Bonbons gekocht.

Für kleine Zuckerschnuten gibt es die Möglichkeit, den Bonbonherstellern direkt über die Schulter zu schauen und sogar mitzuhelfen. Natürlich können die kleinen Helfer/innen dann ihre selbstgemachten Bonbons mitnehmen.

Leider sind die Leckereien genauso schnell gegessen, wie sie hergestellt werden. Meist kauft man in dem Laden dann auch noch ein paar Tüten

Bonbons, damit man den Urlaub über genug der kleinen Köstlichkeiten zur Verfügung hat.

Mir haben es die Pfefferminzbonbons mit Schokofüllung angetan. Davon nehme ich meist ein paar Tüten mit nach Hause. Aber leider halten die Tüten nicht lange.

Henne

Henne Strand selbst hat keine eigene Einkaufsstraße. Man findet entlang der Hauptstraße, dem Strandvejen, einige Restaurants, in denen man sehr gut essen gehen kann. Einen Supermarkt gibt es hier nicht, aber natürlich bekommt man auch hier auf dem Campingplatz in einem Kiosk morgens Brötchen, die zu dem sehr lecker sind.

Ich habe die Vermutung, dass die Brötchen dort von einem der Bäcker aus der Region sind. Einfach nur lecker!

Wer in Henne gehobene Küche genießen möchte, der sollte im Vorort Kirkeby das Henne Kirkeby Kro besucht. Dort genießt man Sterneküche. Der Koch, der das Menü bestimmt, hat vorher im Tivoli in Kopenhagen auf höchstem Niveau gekocht.

Die Rohwaren der Speisen, die gekocht werden, stammen selbstverständlich aus der Region und die

Kräuter und Gemüse wachsen vor der Tür des Restaurants im hauseigenen Hofgarten.

Das Ambiente ist einem dänischen Spitzenrestaurant entsprechend: geradlinig, sehr hell und natürlich nur mit dem besten Baumaterial ausgestattet. So hat man aus dem ehemaligen Dorfgasthaus ein modernes Restaurant geschaffen - eines der Spitzenklasse.

Allerdings ist es ratsam, einen Tisch zu reservieren und noch wichtiger, vorher einen Blick auf die Preise zu werfen.

Houstrup
Houstrup ist der dänische Ferienort, der sich total auf Familien eingestellt hat.

Es gibt Familienrestaurants, die schon im Namen mitteilen, dass Kinder gerne mit dabei sein dürfen, wenn die Eltern mal nicht selbst kochen möchten für die ganze Meute. Dazu gehört das Lonne Familie Restaurant.

Eine italienische Pizzeria findet man im Ferienpark und dort freut man sich über jeden Gast, der noch klein ist.

Wer sich gerne wie zuhause auch mal eine Pizza liefern lassen möchte, kann sich diese gerne in der

Pizzeria in Norre Nebel bestellen. Dies ist die einzige Pizzeria im Ort, die auch zu den Ferienhäusern liefert.

In Houstrup gibt es auch einen Campingplatz, bei dem man über die Sommermonate Brötchen bekommen kann.

Im nahegelegenen Norre Nebel gibt es z.B. einen Schlachter, diverse Bäcker, Banken und eine Apotheke. Nicht zu vergessen natürlich noch mehrere Supermärkte.

Da die Entfernung zwischen Houstrup und Norre Nebel wirklich nicht groß ist, kann man fix mit dem Auto rüberfahren oder auch mit dem Rad. Das geht dann natürlich nur, wenn man den kleinen Einkauf geplant hat.

Vor allem hat man häufig etwas Gegenwind auf dem Rückweg. Daher nicht zu viel kaufen und in den Fahrradkorb legen. Das Gewicht muss man dann noch zusätzlich gegen den Wind per Fahrrad nach Hause ins Ferienhaus bringen.

Hvide Sande

Wer gern bummelt, der wird in Hvide Sande in den vielen kleinen Geschäften sicher fündig. In Hvide Sande bekommt man alles für den täglichen Bedarf im kleinen örtlichen Supermarkt. Dort findet man alles, was man noch fix für ein komplettes Abendbrot oder das morgige Frühstück benötigt.

Ansonsten dreht sich in Hvide Sande alles um den Fisch. Diesen bekommt man auch an jeder Ecke in leckersten Varianten. Das ist dann der Fisch, den man hat angeln und zubereiten lassen.

Die vielen Fischgeschäfte bieten frischen Fisch, Meeresfrüchte und Schalentiere an. Hier bekommt man natürlich den herrlichsten Fisch aus der Nordsee und kann fürs Mittagessen oder Abendessen einkaufen.

Aber es geht ja nichts über den Fisch, den man selbst geangelt hat. Das ist in Hvide Sande am besten an den Hafenmauern rund um die Schleuse möglich. Diese Örtlichkeit steht den Anglerfreund/innen ganzjährig zur Verfügung.

Im April, wenn das Heringsfestival ruft, ist es gut und gerne sehr voll auf den Hafenmauern, weil dann jeder den besten Hering erwischen möchte.

Erfahrungsgemäß kann ich sagen, dass die zwei Bäckereien in Hvide Sande sehr gut sind und man im Ort selbst auch einen kleinen Supermarkt findet, der alles bereithält, was man für den spontanen Einkauf benötigt. Aber bei Durchfahren des Ortes kommt am Ortsausgang auch noch ein Einkaufszentrum, wo man z.B. auch im Aldi einkaufen kann.

Darum nach Dänemark

Wer jetzt noch überlegen muss, ob Dänemark für sich und die Familie oder auch nur den Partner / die Partnerin das richtige Urlaubsziel ist, den hat das Gefühl für dieses Land noch nicht gepackt.

Ob Nord- oder Ostsee ist in Dänemark vollkommen egal. Dänemark ist einfach spitze. Für jede/n ist dort das Richtige dabei!

Ob nur mit Partner/in, mit der ganzen Familie oder nur mir Hund/en ist ganz egal. Buchen Sie ein tolles Ferienhaus direkt in den Dünen, dem Wald oder etwas im Hinterland, packen Sie das Auto und ab geht es in das nördliche Königreich!!!

Wer die dänische See und Skandinavien kennenlernen möchte, der verpasst etwas, wenn er zögert. Deswegen kann ich nur jedem raten, der noch nicht in Dänemark gewesen ist: Fahren Sie hin!

Land und Leute sind einfach nur toll! Skandinavien mit seinen Bewohner/innen eben! Einfach hinfahren und kennenlernen! Die Strände, die Bauwerke, das Essen, das Willkommensein, die Landschaften… All das wird Sie begeistern, das ist versprochen!

Die Dän/innen sind ein offenes und lustiges Volk. Sie lieben ihr Königshaus und stehen auch dazu.

Dieser Reiseführer hat Ihnen alles nähergebracht, was man wissen muss, um einen wunderbaren Urlaub in Dänemark zu verbringen.

Jede/r, der/die bisher in Dänemark gewesen ist, hat nichts Negatives berichten können, denn man muss das Königreich im Norden einfach lieben!

Mein Herz schlägt für Dänemark, weil man schon im Urlaubsmodus ist, wenn man in

Deutschland auf die A1 fährt in Richtung Norden. Und wenn die Grenze überfahren ist, heißt es „Stress aus" und „Urlaub an"!

Entschleunigung leicht gemacht. So beschreibt man einen Urlaub in Dänemark am besten. Tief einatmen, wenn man am Strand ist. So nimmt man einen tiefen Atemzug von Freiheit! Nirgendwo sonst habe ich dieses Gefühl von glücklich und frei sein wie in Dänemark! Werfen Sie Ballast ab und erholen Sie sich mal richtig vom Alltag zuhause!

Wenn Sie mit Hund/en anreisen, werden Sie auch bei den Vierbeinern merken, wie toll der Urlaub für sie ist. Hunde, die wie unser Labbi Wasser lieben, fangen schon das Quietschen an, wenn man am Ferienhaus ankommt und bevor man Koffer auspackt, geht es schon einmal ans und ins Wasser, damit der Hund Ruhe gibt. Aber er hat ja dann genau wie wir knappe sieben Stunden im Auto verbracht (Pausen, in denen er aussteigen durfte, mal abgezogen). Und auch der Hund oder die Hunde wissen doch schon beim Kofferpacken in der Heimat genau, wo es hingeht. Das brauche ich unseren beiden nicht mal mehr zu sagen. Wenn wir die Koffer packen, sitzen sie schon daneben und wenn es frühmorgens dann losgeht, sind sie die ersten im Auto. Auch die Tiere lieben das Land und die Leute und es ist doch am Wichtigsten, dass Mensch und Tier sich auf das Urlaubsziel freuen.

Ich tue mich das jetzt schon und muss aber noch bis Ende Juni warten. Dann geht es wieder los nach Dänemark.

Und weil schon das Aussuchen des Ferienhauses Freude macht: Rein ins Vergnügen und buchen Sie sofort eines der unzähligen Ferienhäuser in einem der wunderbaren Ferienorte Westjütlands! Garantiert erleben Sie einen erholsamen, wunderschönen und entspannten Urlaub!

Und den nicht nur zu den Sommerferien, sondern auch außerhalb der Saison. In den Herbstferien kann man wunderbare Zeiten an der dänischen Nordsee verbringen. Herrlich, wenn die Nordsee mit großen Wellen an den Strand kommt, der Wind einen richtig durchpustet und man anschließend bei einem heißen Tee im Ferienhaus sitzt und den Meerblick genießt.

Über Silvester sollten Sie auch mal in Dänemark sein. Eine wunderbare Erfahrung. Zwar muss man dann etwas tiefer in die Geldbörse greifen, aber dafür wird man auch mit einem Silvester entschädigt, dass man nicht mehr vergisst. Nur bitte daran denken, dass man kein Feuerwerk nach Dänemark einführen darf!!

Viel Freude in Dänemark!

Packliste

Geld & Finanzen

O (evtl.) Auslandswährung
O Bargeld
O Bauchtasche
O Brustbeutel
O Bauchtasche
O EC-Karte
O Kreditkarte
O Notfall-Telefonnummern der Banken
O Portmonee

Hygiene

O Haarbürste / Kamm
O Deo (klein)
O Shampoo
O Kulturtasche
O Sonnencreme
O Taschentücher

O Reise-Zahnbürste und Zahnpasta

O Verhütungsmittel

Kleidung

O Badeklamotten

O Gürtel

O Hosen kurz / lang

O Mütze / Cap / Hut

O Pullover

O Regenjacke

O Schlafanzug

O Socken

O Sonnenbrille

O Sportklamotten / Jogginghose

O T-Shirts

O Unterwäsche

Medikamente

O Blasenpflaster

O Anti-Durchfalltabletten

O Erste-Hilfe-Set

O Fiebertabletten

O Fiebertabletten

O Mückenschutz

O sonstige Medikamente

O Pflaster

O Kopfschmerztabletten

Unterlagen & Papiere

O ADAC Unterlagen

O Adresslisten für Postkarten

O Krankversicherungsnachweis

O Stadtplan

O Führerschein

O Unterlagen für die Unterkunft

O Wasserdichte Hülle für Reiseunterlagen

O Impfausweis

O Mietwagenunterlagen

O Personalausweis

O Reisepass

O Reisetagebuch

O evtl. Studentenausweis

O evtl. Visum
O Zug- / Bahn- / Flugticket

Taschen & Rucksäcke

O Koffer / Trolley / Reisetasche
O Regenhülle für Rucksack
O Rucksack

Schuhe

O Badeschlappen / Hausschuhe
O Schuhe und Wechselschuhe

Sonstiges

O Brille / Kontaktlinsen und Etui
O Buch zum Lesen
O Ohrenstöpsel und Schlafmaske
O Regenschirm
O Reisedecke
O Wasserflasche
O Wörterbuch

Elektronik

O Digitalkamera

O Handy

O Ladekabel

O Kopfhörer

O evtl. Steckdosenadapter

O Power-Bank

Herstellung und Verlag:

BoD – Books on Demand, Norderstedt

ISBN: 9783750496040

Kontakt: Psiana eCom UG/ Berumer Str. 44/ 26844 Jemgum

Covergestaltung: Fenna Larsson

Coverfoto: depositphotos.com